27 fevr 1894 No 8. prix 8

CATALOGUE

DE

LIVRES

ANCIENS ET MODERNES

GRAVURES ET DESSINS

LA PLUPART RELATIFS

A L'ORNEMENTATION

DONT LA VENTE AURA LIEU

HOTEL DES COMMISSAIRES-PRISEURS

Rue Drouot, Salle N° 9

LE MARDI 27 FÉVRIER 1894

A DEUX HEURES

Par le Ministère de Me **LÉON TUAL**, commissaire-priseur

56, rue de la Victoire, 56

Assisté de M. **JULES MARTIN**, libraire-expert

19, boulevard Haussmann, 19

PARIS — 1894

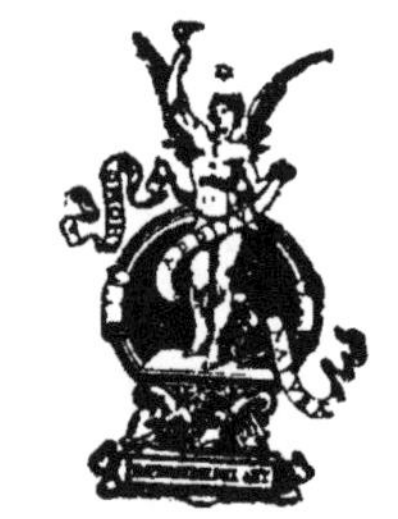

CONDITIONS DE LA VENTE

Au comptant. Les acquéreurs payeront *cinq pour cent* en plus des enchères.

La vente terminée, les livres, gravures et dessins ne seront repris pour aucune cause.

M. J. Martin remplira les commissions des personnes qui ne pouraient assister à la vente.

Paris. — Imp. de l'Art, E. Moreau et Cie, 41, rue de la Victoire.

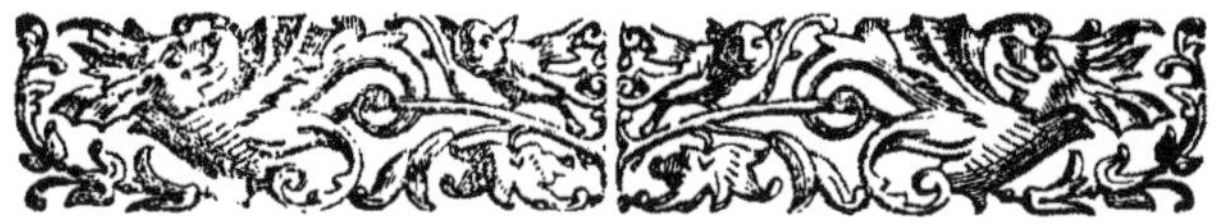

DÉSIGNATION

LIVRES

1 — **Androuet Du Cerceau**. Les plus excellents bastiments de France, publiés par H. Destailleur. *Paris, Lévy*, 1868, 2 vol. in-fol. d.-rel., ch. rouge, tête dorée, n. rog. *Pl.*

2 —**Angelis** (P. de) Basilicæ S. Mariæ Majoris de Urbe descriptio et delineatio. *Romæ Zannetti*, 1621, in-fol. v. *Pl.*

3 — **Arabesques** et les stucs peints à Rome, au Palais du Vatican, par Raphaël Sanzio d'Urbin. *Paris*, *Chereau*, in-fol., d.-rel., *16 planches.*

4 — **Aringhi**. Roma subterranea novissima. *Lutetiæ Paris.*, 1659, 2 tomes en 1 vol. in-fol. v.

5 — **Ariosto**. Orlando Furioso. *Venetia. Valgrisi*, 1556, in-4°. v. *Fig. sur bois.*

6 — **Art pour tous**. 1861-1878, 8 cartons in-fol.

7 — **Audsley et Bowes**. La Céramique japonaise. *Paris, Firmin-Didot*, 1877, in-fol., d.-rel., chag. tête dorée, n. rog. *Planches en couleurs.*

8 — **Baldi**. Memorie concernenti la citta di Urbino. *Roma*, 1724, in-fol. parch. *Portr. et 146 planches, la plupart d'ornements.*

9 — **Baldus**. Recueil d'ornements, d'après les maîtres les plus célèbres des xve au xviiie siècles. *Paris*, 1866, in-fol., d.-rel. *Pl.*

10 — **Baldus**. Les Styles successifs, extraits des bouquins français et étrangers des xve, xvie, xviie et xviiie siècles. *Paris*, 1874, in-fol., en carton. *Pl.*

11 — **Baldus**. Palais de Versailles, grand et petit Trianon. Motifs de décoration. *Paris, Morel*, 1877, in-fol., d.-rel. chag. rouge. *Pl.*

12 — **Ballu**. Reconstruction de l'Hôtel-de-Ville de Paris. Ensemble, détails et motifs de décoration reproduits par l'héliogravure de Baldus. 1882, in-fol., en carton. *Pl.*

13 — **Baltard**. Paris et ses monuments. *Paris*, 1803, gr. in-fol., d.-rel. *Pl.*

14 — **Bapst** (G.). L'Orfèvrerie française à la Cour de Portugal au xviiie siècle. *Paris*, 1892, in-4°, br. *Pl.*

15 — **Barbet** (J.). Livre d'architecture d'autels et de cheminées, dédié à Mgr l'éminentissime Cardinal, duc de Richelieu, de l'invention et dessin de J. Barbet, gravé à l'eau-forte par *J. Paris*, 1641, pet. in-fol. parch. *20 planches.*

16 — **Barlandus** (Hadr.). Hollandiæ comitum historia et icones. — Trajectensium episcoporum catalogus. *Lugd. Batav.*, *Christ. Plantinus*, 1584, pet. in-fol. parch. *34 planches gravées sur cuivre.*

17 — **Barré et Roux**. Herculanum et Pompéi. Recueil général des peintures, bronzes, mosaïques, etc. *Paris*, *Didot*, 1861, 8 vol. gr. in-8°, cart. *Pl.*

18 — **Batissier**. Histoire de l'Art monumental. *Paris*, *Furne*, 1845, gr. in-8°, d.-rel., mar. *Fig.*

19 — **Béroalde**. Le tableau des riches inventions couvertes du voile des feintes amoureuses qui

sont représentées dans le Songe de Poliphile. *Paris*, *Guillemot*, 1600, in-4°, d.-rel. *Figures sur bois.*

20 — **Biblia Sacra**. *Lugduni, apud Jacobum Giuntam*, 1546, in-8° parch. *Figures sur bois.* (Mouillé et raccommodé.)

21 — **Biblia Sacra**. *Lugduni, J. Tornæsius*, 1567, in-8°, parch. *Figures sur bois.* (*Mouillures*).

22 — **Bosse** (Abr.). Recueil de figures pour apprendre à dessiner sans maître le portrait, la figure, l'histoire et le paysage. *Paris, Jombert*, 1737. Diverses figures à l'eau-forte de petits amours, anges vollants et enfans, propre à mettre sur frontons, portes et autres lieux. 1736. En 1 vol. in-4°, v. *133 planches.*

23 — **Blondel.** Cours d'architecture ou traité de la décoration, distribution et construction des bâtiments. *Paris, Desaint*, 1771, 6 vol. in-8°, de texte et 3 vol. gr. in-8° de près de *400 planches*, d.-rel.

24 — **Boissard** (Jac.). Parnassus cum imaginibus musarum Deorumque præsidum Hippocrenes. *Francofurti*, 1601, pet. in-fol., d.-rel.,

mar. vert. (*Lortic*). *Portrait et 25 planches gravées par Théodore de Bry.*

25 — **Bouchot** (H.). Quelques dames du xvie siècle et leurs peintres. *Paris*, 1888, in-4°, chag. n. rog. *Pl.* 17.

26 — **Bourgerel**. Fragments d'architecture et de sculpture. *Paris*, *Morel*, 1863, in-fol., d.-rel., ch. n. rog. *Pl.* 26.

27 — **Boyvin** (René) d'Angers. Le Livre de bijouterie, reproduit en fac-similé. *Paris*, *Rapilly*, 1876, in-8° oblong., d.-rel., ch. 9.

28 — **Brès** Souvenirs du Musée des monumens français. *Paris*, 1821, in-fol-, cart. n. rog. *Pl.* 7.

29 — **Burty**. Chefs-d'œuvre des Arts industriels. *Paris*, s. d., gr. in-8°, d.-rel. *Fig.* 5.50.

30 — **Callet**. Notice sur la vie artistique et les ouvrages de quelques architectes français du xvie siècle. *Paris*, 1843, in-8°, cart. *Pl.* 2.

31 — **Campen** (J. Van). Verscheide Nieuwe Festonnen. *Amsterdam*, *Fr. de Wiot*, s. d., (vers 1650), in-4° obl., cart. n. rog., 24 *planches gravées sur cuivre.* 40.

32 — **Caracci** (Amnibale), Galeria nel palazzo 11.

Farnese in Roma del Sereniss. Duca di Parma dipinta da Amnibale Caracci, intagliata di Carlo Cesio. 1657, *30 planches.* — Galeria dipinta nel palazzo del principe Panfilio da C. Cesio. *14 planches.* En 1 vol. in-fol. parch.

33 — **Catalogue** illustré du Salon, publié par Dumas. *Paris.* 1880-90, 10 vol. in-8°, d.-rel. *Fig.*

34 — **Cauvet.** (G. P.). Sculpteur de S. A. R. Recueil d'ornemens à l'usage des jeunes artistes qui se destinent à la décoration des bâtimens. *A Paris, chez l'auteur,* 1777, in-fol., cart. Titre, dédicace gravée, un f^t. de texte et *53 planches,* in-fol. cart.

35 — **Chabat.** Dictionnaire des termes employés dans la construction. *Paris, Morel,* 1875, 4 vol. gr. in-8°, d.-rel., mar. *Fig.*

36 — **Chronicorum** liber (per Hartman Schedel). *Hunc librum... Antonius Koberger Nuremberge impressit,* anno 1493, gr. in-fol. parch.

Livre connu sous le nom de *Chronique de Nuremberg*; et remarquable par les gravures en bois dont il est orné, au nombre de plus de 2,000.

37 — **Columb** (Michel). Tombeau de François II et de Marguerite de Foix, gravé par Normand. *Nantes,* 1841, in-4° d.-rel. *Pl.*

38 — **Corroyer** (Ed.). l'Architecture gothique. *Paris, Quantin*, in-8°, chag. rouge, n. rog. *Fig.* 5.50

39 — **Corroyer** (Ed.). L'Architecture romane. *Paris, Quantin*, in-8°, d.-rel., mar. n. rog. Fig. *Papier de Chine.* 8.

40 — **Corroyer** (Ed.). Description de l'abbaye du Mont Saint-Michel. *Paris, Dumoulin*, 1877, in-8° d.-rel., chag. n. rog. *Fig.* 15.

41 — **Courvoisier**. Le throsne royal de Jesus Nazaréen, Roy des affligez. *En Anvers, chez J. Trognesius*, 1642, in-4°, parch. *Fig. sur cuivre par J. Galle.* 15.

42. — **Daly**. L'architecture privée au XIXe siècle. — Décorations intérieures peintes. *Paris, Ducher*, 1877, 2 vol. in-fol. en cartons. *Planches en couleurs.* 147.

43 — **Daly** et **Davioud**. Les théâtres de la place du Châtelet. *Paris, Ducher*, 1871, in-fol. en carton. *Pl.* 18.

44 — **D'Aviler**. Cours d'Architecture compr. des instructions et des préceptes concernans la distribution et la décoration. *Paris*, 1750, in-4° d.-rel. *Pl.* 16.

45 — **Decloux** et **Doury**. Histoire archéologique, descriptive et graphique de la Sainte-Chapelle du Palais. *Paris*, 1857, in-fol. d. rel. *Planches en couleurs*.

46 — **De L'Orme**. Le premier tome de l'Architecture de Philibert de L'Orme. *A Paris, chez Frederic Morel*, 1598, in-fol. v. *Figures sur bois*.

47 — **Destailleur**. Recueil d'estampes relatives à l'ornementation des appartements aux XVIe, XVIIe et XVIIIe siècles. *Paris*, *Rapilly*, 1863, 2 vol. in-fol. d. rel. chag. n. rog. *Pl.*

48 — **Dietterlin**. Le livre de l'Architecture. *Liège*, *Claesen*, 2 vol. in-fol. d.-rel. chag. *Planches*.

49 — **Du Cerceau** (Jacques Androuet). Œuvre. Héliogravure par Baldus. 10 cartons in-fol.

Coupes. — Vases. — Trophées. — Grandes arabesques. — Cartouches. — Fleurons. — Balustrades. — Ferronnerie. — Petites arabesques. — Meubles et cheminées.

50 — **Felibien**. Description de la Grotte de Versailles. *Paris*, *Imp. Roy.*, 1676, gr. in-fol. parch. *19 planches par Le Pautre*.

51 — **Flaxman**. Œuvre. Recueil de ses compositions gravées par Réveil. *Paris*, 1836, in-8°, obl. d.-rel. v. *Fig.*

52 — **Floquet.** (**A.**) Compositions décoratives. *Paris, Calavas*, 1882, in-fol. en carton. *Pl.*

53 — **Fontenay**. Les bijoux anciens et modernes. *Paris*, 1887. pet. in-4°, d.-rel. chag. n. rog. *Fig.*

54 — **Gailhabaud**. Monuments anciens et modernes. *Paris, Didot*, 1853, 4 vol. gr. in-4, d.-rel. chag. n. rog. *Pl.*

55 — **Gambart**. La vie symbolique de saint François de Sales. *Paris*, 1673, in-12, v. *Fig.*

56 — **Gœdart**. Metamorphosis et historia naturalis insectorum. *Medioburgi*, 1662, in-12, v. *Fig.*

57 — **Goltzius** (Hub.) Icones imperatorum Romanorum ex priscis numismatibus advivum delineatæ. *Antverpiœ*, 1645. in-fol. parch. *Planches en couleurs.*

58 — **Gonse** (L.) Les Beaux-Arts et les Arts décoratifs à l'Exposition Universelle de 1878. *Paris*, 1879, 2 vol. gr. in-8°, d.-rel. mar. rouge, tête dorée, n. rog. *Fig.*

59 — **Goujon** (Jean). Œuvre gravé par Réveil.

Paris Morel, 1868, in-fol. d.-rel. mar. tête dorée, n. rog. *Pl.*

60 — **Guenebault**. Dictionnaire iconographique des monuments de l'Antiquité chrétienne et du moyen-âge. *Paris, Leleux*, 1843, 2 vol. in-8°, d.re-l. v.

61 — **Guiffrey** (J.) Inventaire général du mobilier de la couronne sous Louis XIV. *Paris*, 1885, 2 vol.pet. in-4°, d.-rel. *Fig.*

62 — **Havard** (H.). L'Art à travers les mœurs. *Paris*, *Quantin*, 1882, gr. in-8°, d.-rel. chag. n. rog. *Fig.*

63 — **Imbard**. Tombeau de Louis XII. *Paris, Didot*, 1815, in-fol. cart. *Pl.*

64 — **Imitation** de Jésus-Christ. *Paris*, *Curmer*, 1858, 2 vol. gr. in-8°, d.-rel. chag. noir, tr. dor. *Planches en couleurs*, *reproduction des plus belles miniatures des manuscrits des XIIIe au XVIe siècles.*

65 — **Isabey** (L.) et Leblan. Villas, maisons de ville et de campagne. *Paris, Lévy*, 1867, in-fol. d.-rel. mar. *Planches en couleurs.*

66 — **Jacquemart**. Les merveilles de la céramique. *Paris*, *Hachette*, 1866, 3 vol. in-12, d.-rel. chag. *Fig.*

67 — **Lacombe**. Les armes et les armures. *Paris, Hachette*, 1868, in-12, d.-rel. *Fig.*

68 — **La Fosse** (J. Ch. de). Nouvelle iconologie historique ou attributs hiéroglyphiques, composés et arrangés de manière qu'ils peuvent servir à toutes sortes de décorations, fontaines, pyramides, cheminées, dessus de portes, bordures, médaillons, trophées, vases, frises, tombeaux, pendules, etc. *Amsterdam*, (1771), in-fol. d.-rel. *103 planches.*

69 — **La Motte** (Ph. de). Choice examples of Art Workmanship. *London*, 1851, in-4°, cart. *Planches.*

70 — **La Perrière** (G. de). Le théâtre des bons engins. *Paris, Denys Janot*, 1539, in-8°, parch. *Figures sur bois. (Incomplet des six premiers et des deux derniers feuillets.)*

71 — **Le Jeay**. Collection de divers sujets de de vases, tombeaux, ruines et fontaines, utile aux artistes. *Paris, Mond'hare*, 1770, in-4° d.-rel. *26 planches.*

72 — **Le Pautre** (Ant.). Œuvres d'Architecture. *Paris, Jombert, s. d.*, in-fol. cart. n. rog. *60 planches.*

73 — **Lièvre** (Ed.). Musées et collections. *Paris*, *Goupil*, 2 vol. in-fol., d.-rel., chag. rouge. *Planches à l'eau-forte.*

74 — **Lièvre** (Ed.). Musée impérial du Louvre. Collection Sauvageot. *Paris*, *Noblet*, 1863, 2 vol. in-fol., d.-rel. chag. rouge, tête dorée, n. rog. *Planches à l'eau-forte.*

75 — **Lièvre** (Ed.). Musée graphique pour l'étude de l'art dans toutes ses applications. *Paris, s. d.*, 2 vol. gr. in-fol. en cartons. *100 planches, la plupart en couleurs.*

76 — **Marryat**. Histoire des poteries, faïences et porcelaines. *Paris*, *Renouard*, 1866, 2 vol. in-8°, d. rel. v. *Fig.*

77 — **Martin** (Corneille). Les généalogies et anciennes descentes des Forestiers et Comtes de Flandre, ornées de portraicts, figures et habitz selon les façons et guises de leurs temps, par P. Balthasar. *Anvers*, 1598, pet. in-fol. v. *Fig.*

78 — **Ménard**. Histoire artistique du métal. *Paris*, *Rouam*, 1881, in-4°, d.-rel. chag., n. rog. *Pl.*

79 — **Merle et Perié**. Description du château de Chambord. *Paris*, 1821, in-fol. cart. *Pl.*

80 — **Mesnard**. Les Merveilles de l'Exposition universelle de 1867. 2 vol. in-4°, d.-rel. chag. *Fig.*

81 — **Mesnard.** — Les Merveilles de l'Art et de l'Industrie. *Paris, s. d.*, in-4°, d.-rel. *Fig.*

82 — **Nuitter**. Le nouvel Opéra. *Paris, **Hachette***, 1875, in-12, d.-rel. *Fig.*

83 — **Ori Apollinis** de sacris Ægyptiorum notis, iconibus illustratis. *Parisiis, Galeotus a Prato*, 1574, pet. in-8° parch. *Fig. sur bois.*

84 — **Ortelius.** Deorum Dearumque capita ex vetustis numismatibus effigiata. *Antverpiæ, Ph. Gallæus*, 1582, in-8°, cart. *53 planches avec ornements variés*

85 — **Ovide**. La Métamorphose d'Ovide figurée. *A Lyon, par Jan de Tournes*, 1557, in-°, d.-rel. *Figures et encadrements sur bois.*

86 — **Ovidii** métamorphoses cum iconibus in æs incisis. *Antverpiæ, Moretus*, 1590, in-16 obl. v. (*Incomplet du titre.*)

87 — **Owen Jones**. The grammar of ornament, illustrated by examples from various styles. *London, Day and Son*, 1856, gr. in-fol., d.-rel. mar., coins, tr. dor. *Planches en couleurs.*

88 — **Palais** du Trocadéro. *Paris, Morel*, 1878, in-12, d.-rel. chag. *Fig.*

89 — **Paradin** (Claude). Les Devises héroïques, de G. Syméon et autres aucteurs. *Anvers, chez la veuve de J. Stelsius*, 1563, pet. in-16, bas. *Figures sur bois.*

90 — **Paris** à travers les âges, par Ed. Fournier, Dufour, Franklin, etc. *Paris, Firmin-Didot*, 14 livr. in-fol. *Planches en couleur.*

91 — **Péquégnot.** Ornements, vases et décorations d'après les maîtres. 4 vol. in-4°, cart. *Planches.*

92 — **Percier et Fontaine**. Recueil de décorations intérieures, comprenant tout ce qui a rapport à l'ameublement. *Paris, Didot*, 1827, in-fol., cart. *Pl.*

93 — **Perelle.** Recueil de 182 paysages et marines ornés de figures et ruines, composés, dessinés et gravés par Perelle. *A Paris, chez Jean*, in-fol., cart., n. rog.

94 — **Peyre.** Œuvres d'architecture. *Paris*, 1795, in-fol., cart. *Pl.*

95 — **Peyre.** Poteries, faïences et porcelaines. 30 pl. en 1 vol. in-4°, cart.

96 — **Peyré**. Manuel d'architecture religieuse au Moyen-Age. *Paris*, 1848, in-12, d.-rel., chag.

97 — **Pfnor**. Monographie du château de Heidelberg. *Paris*, *Morel*, 1859, in-fol., d.-rel. *Planches*.

98 — **Pfnor**. Monographie du palais de Fontainebleau ; texte par Champollion-Figeac. *Paris*, *Morel*, 1863, 2 vol. in-fol. en cartons. *Pl.*

99 — **Pineau**. Nouveaux desseins de pieds de tables et de vases et consoles de sculpture en bois. *A Paris*, *chez Crépy*, *6 planches*. — Nouveaux lambris, cheminées et portes de chambre. *A Paris*, *chez Poilly*, *7 planches*. — Nouvelles cheminées à la mode. *A Paris*, *chez Poilly*, *9 planches*. — Divers dessins de menuiserie pour la décoration des appartemens présentement à la mode. *A Paris*, *chez Charpentier*, *6 planches*. En 1 vol. in-fol., cart.

100 — **Pinelli**. Nuova raccolta di cinquanta motivi pittoreschi e costumi di Roma. *Roma*, 1810, pet. in-4°, d.-rel.

101 — **Pinset et d'Auriac**. Histoire du portrait en France. *Paris*, 1884, gr. in-8°, d.-rel., mar., n. rog. *Fig.*

102 — **Piranesi** Différentes manières d'orner les cheminées et toute autre partie des édifices. *Rome*, 1769, in-fol. d.-rel. *Pl.*

103 — **Pittoni** (Baptista) Vicentino. (Imprese nobili di diversi principi et d'altri personnagi illustri nell' arme et nelle lettere. *Venetia*) 1577, in-4°, d.-rel. *65 planches.*

Bel exemplaire de ce recueil rare.

104 — **Quadrins** historiques de la Bible. *Lyon, J. de Tournes*, 1554, in-8°, d.-rel. *Figures sur bois du Petit-Bernard.* (*Incomplet du titre.*)

105 — **Racinet**. L'Ornement polychrome. *Paris, Firmin Didot*, in-fol. d.-rel. chag. *100 planches en couleurs.*

106 — **Recueil** d'emblèmes du XVIIe siècle. *26 planches* in-4°.

107 — **Régemortes.** Description du nouveau pont de pierre construit sur la rivière d'Allier à Moulins. 1771, in-fol., v. marb., tr. dor. *Beau frontispice, plan de Moulins et planches.*

108 — **Reichius** (G.) Kunstliche und Nutzbare Kupfferstuck. *Colln*, 1589, in-12, parch. *Figures sur cuivre.*

109 — **Reusner** (Nic.) Emblemata partim ethica et physica : partim vero historica et hieroglyphica. *Francofurti, per J. Feyerabendt*, 1581, pet. in-4° parch. *Figures sur bois.*

Bel exemplaire.

110 — **Rich**. Dictionnaire des antiquités romaines et grecques. *Paris, Didot*, 1859, in-12, d.-rel. n. rog. *Fig.*

111 — **Rime** de gli Academici occulti con le loro imprese et discorsi. *In Brescia*, 1568, in-4° parch. *Figures sur cuivre entourées d'ornements.*

112 — **Rochebrune** (O. de). Cartouches et caissons de plafonds provenant du château de Coulonges-les-Royaux. *Paris, Ducher*, 1876, in-fol. d.-rel. chag. *Pl.*

113 — **Ruprich Robert**. Flore ornementale. Essai sur la composition de l'ornement. *Paris, Dunod*, 1876, in-fol. d.-rel. chag. *Pl.*

114 — **Saavedra Faxardo**. Idea Principis Christiano-Politici 101 symbolis expressa.

Amstelod, 1659, in-12 parch. *Figures sur cuivre.*

115 — **Sambucus**. Emblemata et aliquot nummi antiqui. *Antverpiæ, Christ. Plantinus*, 1584, in-16, parch. *Figures sur bois.*

116 — **Sauvageot**. Monographie de la chapelle de Notre-Dame de la Roche. *Paris*, *Morel*, 1863, in-4°, d.-rel. chag. n. rog. *Pl.*

117 — **Sauvageot** (Cl.) Palais, châteaux, hôtels et maisons de France du xve au xviiie siècle. *Paris*, *Morel*, 1867, 4 vol. in-fol., d.-rel. chag., coins, tête dorée, n. rog. *Pl.*

118 — **Sauvageot** (Cl.). Monographie de Chevreuse. *Paris*, *Morel*, 1874, in-4°, d.-rel. mar. n. rog. *Envoi d'auteur et dessin de la planche 21.*

119 — **Sauvageot** (Cl.). Viollet-le-Duc et son œuvre dessiné. *Paris*, *Morel*, 1880, in-4°, d.-rel chag. *Pl.*

120 — **Serlio** (Sebast.) De architectura libri quinque a J. C. Saraceno in latinam linguam conversi. *Venetiis*, *F. de Franciscis*, 1569, pet. in-fol. parch. *Figures sur bois.*

121 — **Shaw**. Details of Elizabethan Architecture. *London, Pickering*, 1839, in-4°, d.-rel. *Planches*

122 — **Stimmer** (Tobia). Neue Künstliche Figuren Biblischer Historien. *Basel, Th. Gwarin*, 1576, pet. in-4°, parch. *Figures avec encadrements sur bois.*

123 — **Thomassin.** Recueil des figures, groupes, thermes, fontaines, vases et autres ornemens du château et parc de Versailles. *Paris*, 1694, in-8°, bas.

124 — **Vœnius** (Otho). Emblemata aliquot selectiora amatoria. *Amsterod., Janssonius*, 1618. in-16, parch. *Figures sur cuivre.*

125 — **Verchère**. L'Art du mobilier. Recueils de détails. Cheminées et éléments d'ornementation. *Paris*, 1878, in-fol., en carton. *Pl.*

126 — **Vico** (Enea). Le imagini delle donne Auguste. *Vinegia, Valgrisio*, 1557, in-4°, v. *Planches de médailles entourées d'ornements variés.*

127 — **Vignole**. Livre nouveau ou règles des cinq ordres d'architecture. Le tout enrichi de cartels, culs de lampes, paysages, figures et

vignettes très utiles à ceux qui veulent apprendre l'architecture et l'ornement. Le tout d'après Blondel, Cochin et Babel. *Paris*, 1767, in-fol., d.-rel. *Pl.*

138 — **Viollet-Le-Duc** Dictionnaire raisonné de l'Architecture française du xie au xvie siècle. *Paris*, *Morel*, 1854, 10 vol. in-8°, d.-rel., chag. rouge. *Pl.*

129 — **Viollet-Le-Duc**. Dictionnaire raisonné du mobilier français de l'Epoque Carlovingienne à la Renaissance. *Paris*, *Morel*, 1858, 6 vol., in-8°, d.-rel., ch. rouge. *Pl.*

130 — **Viollet-Le-Duc**. Entretiens sur l'Architecture. *Paris*, *Morel*, 1863, 2 vol. gr. in-8°, de texte et atlas in-4°, d.-rel. chag.

131 — **Virgilius Solis**. Effigies regum Francorum omnium a Pharamundo ad Henricum usque Tertium ad vivum expressæ. *Noribergœ Gerlachius*, 1576, in-8°, *62 figures sur cuivre par Jost Amman*, remontées en 1 vol., gr. in-8°, d.-rel., mar.

132 — **Vitruve**. Architecture ou art de bien bastir, mis de latin en francoys, par Jan Martin. *Paris*, *de Marnef*, 1572, in-fol., cart. *Figures sur bois.*

133 — **Wauters**. La Peinture flamande. *Paris, Quantin*, in-8°, d.-rel.. chag. n. rog. *Fig.*

GRAVURES

134 — **Æneas Vicus**. Vases. 1544. *14 pl.* — Fiollet, Frises. *5 pl.* Ens. *19 pl.* in-fol. en ff.

135 — **Antiquité grecque**. Recueil de 222 *planches* en 1 vol. in-4°, d.-rel.

136 — **Berain**. Ornemens inventez par J. Berain. *Et se vendent chez M. Thuret* (1663-1710). — Dessins de Cheminées. — Meubles, candélabres, etc. 85 pièces in-fol. en feuilles.

137 — **Bijouterie**. Modèles et ornements du XVIe siècle. 21 pièces montées sur bristol.

138 — **Boyvin** (René) d'Angers. — Poignée d'épée, 1 p. — Trophées, armes. 6 p. — Les mois. 12 p. — Histoire de Jason. 10 p. — Ens. 29 pièces montées sur bristol.

139 — **Bronzes** antiques, médailles et pierres gravées. *40 pl.* en 1 vol. in-4°, d.-rel.

140 — **Caravagio** (Polyd. de). Vases. 8 pièces collées sur bristol.

141 — **Delaune** (Et.) Frises. Suite de *12 planches* gravées par Mariette. Pet. in-4°, obl. d.-rel.

142 — **Dietterlin**. Architecture, ornements. 31 pièces anciennes, in-fol. en feuilles.

143 — **Dürer** (Albert). La Passion. 34 pièces in-8° gravées sur bois, en feuilles.

144 — **Floris** (J.) Ornements. 1564. Reproduction photographique en 1 vol. Pet. in-4° d.-rel.

145 — **Goltzius** (Henricus) et **Ph. Galle**. Histoire de Lucrèce. 4 *planches* en 1 vol. in-fol. d.-rel. v.

146 — **Gravelot**. La grande Foire. — Le Jeu de quilles. — Le Jeu de la crosse. — La Course de chevaux. 4 pièces in-8°, obl., gravées par Backeley. En 1 vol. in-4°, cart.

147 — Gravures sur cuivre du XVIe siècle. Costumes, ornements par Aldegraver (15 p.), Albert Durer (9 p.), I. S. Beham (6 p.), Et. De Laune (13 p.), Rembrandt (3 p.), Van Ostade (2 p.), Nicolas de Bruges (1 p.), Lucas

de Leyde (4 p.), maître M. A. F., 1508, (1 p.), maître N. V. (1 p.), maître B. M. (1 p.), maître I. S. P. (1 p.), etc. En tout 85 pièces en 1 vol. in-fol. d.-rel.

148 — **Huet.** Pastorales. — Le Prince. Le cabaret ambulant. *3 planches* in-4°.

149 — **Lafreri** (Ant.). Trophées d'armes anciennes. Suite de *24 planches* gravées sur cuivre. 1550-1553. En 1 vol., in-fol. obl. parch.

150 — **Lasinio.** Ornati presi da graffiti e pitture antiche esistenti in Firenze. 1789. In-fol. obl. d.-rel. *Reproduction photographique.*

151 — **Lejeay.** Ornements, vases, ruines. 1768. *19 planches*, in-4°, en ff.

152 — **Le Pautre** (J.). Œuvres d'architecture. *Paris, Mariette et Jombert, 463 planches* montées sur bristol, in-fol. en 3 cartons.

153 — **Marot** (Jean). Plafonds. *8 planches*. in-fol. en ff.

154. — **Meryon.** Vues de Paris. — Etudes *26 planches* à l'eau-forte sur Hollande, Chine et Japon.

155 — **Mitelli.** Cartouches et ornements. *A*

Paris, chez Huquier, 1636, in-4°, cart. *24 planches.*

156 — **Mont Saint-Michel** avant et après sa restauration. *93 planches* photogr. en un carton in-fol.

157 — **Ornements** sur bois des XVIe et XVIIe siècles extraits de livres, vignettes, encadrements, fleurons, culs-de-lampe, lettres ornées, marques de libraires. 160 pièces collées sur bristol en un carton.

158 — **Ornements** de la Renaissance. *62 planches* photographiées, en un carton in-4°.

159 — **Ornements** de la Renaissance. *84 planches* photographiées, en un carton in-4°.

160 — **Ornements** de la Renaissance. *36 planches* photographiées, en un carton in-4°.

161 — **Ornements** de la Renaissance. *60 planches* photogr. en un carton, in-4°.

162 — **Ornements et figures**. 134 photographies en un carton, in-fol.

163 — **Ornements** divers par Le Juge, Martinus van Heemskerck, Della Bella, etc. Les Travaux d'Hercule. *6 planches.* Ens. 38 p. en ff.

164 — **Ornements** et gravures des xvie, xviie et xviiie siècles. Vignettes sur bois, lettres ornées, arabesques, etc., par Holbein, Le Pautre, Oppenort, Boucher, etc. 160 pièces collées sur bristol en un carton.

165 — **Ornements** et gravures diverses, d'après J. Goujon, Bloemart, Bérain, Le Pautre, Moncornet, Babel, Wisscher. 105 pièces montées sur bristol en un carton.

166 — **Ornements** du xviie siècle. Vases, cartouches, frises, par Goltzius, Jove, Scoppa, etc. 25 pièces montées sur bristol.

167 — **Ornements** et vignettes. Vouet, 18 p. — Salembier, *6 planches.* — Callot, 15 p. — Cochin, petites vignettes tirées à part, 8 p. — Perelle, 19 p. — Séb. Le Clerc, 36 p. Ens. 102 pièces collées sur bristol en un carton.

168 — **Ornements** de divers styles. *81 planches* photogr. en un carton, in-4°.

169 — **Pineau.** Plafonds Louis XV, 6 p., in-fol., en feuilles.

170 — **Prud'hon.** Les Muses, les Saisons, l'Amour enchaîné, l'Amour victorieux, Thémis, etc. 31 p. lithographiées. — Overbeck, 22 p. Ens. *53 planches* en un carton.

171 — **Sambin**. Cariatides. 15 p. gravées sur bois formant *8 planches*, in-fol. en ff.

172 — **Suavius** (Lambert). Les douze Sibylles. Suite de douze gravures sur cuivre remontées, en 1 vol. in-8°, cart.

DESSINS

173 — **Boilly** (J. A). Etudes de têtes. 3 dessins aux deux crayons dont l'un daté de 1819.

174 — **Boucher** (Fr.). Mascaron et étude de tête et de mains. 2 dessins aux deux crayons.

175 — **Carrache** (Louis). Satyre assis cueillant des fruits. Dessin à la plume et au bistre.

176 — **Encadrements**. 10 dessins à l'encre de Chine, du commencement du XVIIIe siècle.

177 — **Feuchère** (J.). Etudes d'après nature, 43 dessins au crayon. — Ornements. 4 dessins au lavis. — Gravures d'ornements, 15 p. En 1 vol. in-4°.

178 — **Fragonard**. Antiquités. 22 dessins au crayon et à la sanguine.

179 — **Lavallée-Poussin**. 1780. Dessin à la sépia. 31.

180 — **Lélu** (P.). Frise. Dessin à la sépia rehaussé de blanc. 3.

181 — **Menyer**. Costumes civils et militaires. 3 dessins la sépia. In-fol. 10.

182 — **Natoire**. Mort d'une Sainte. Dessin à l'aquarelle. — Etudes d'enfants. Dessin à la sanguine. Ens. 2 p. in-fol. 22.

183 — **Ornements** du XVIIIe siècle. Lit à baldaquin et armoiries. 3 dessins à la sépia et à l'encre de Chine. 22.

184 — **Oudin**. Etudes d'animaux. 19 dessins aux deux crayons. Pet. in-fol. 102.

185 — **Palme** (J.). Plafond. Dessin à la sépia. 45.

186 — **Piranesi**. Ornements, trophée. Grand dessin à la sépia. 8.

187 — **Primatice**. Étude d'enfants. 2 dessins au crayon. 16.

188 — **Saint-Aubin** (G. de). Esquisse à la plume. 26.

189 — **Viollet-le-Duc**. Croquis d'architecture, 1858-1873. 58 dessins au crayon et au lavis en 1 vol. pet. in-fol. cart. 23.

190 — **Vouet**. Plafond. Dessin à l'aquarelle. 37.

191 — **Dessins** du XVIIIe siècle. 11 p. à la sépia. 18.

192 — **Livre d'heures** en latin. In-8° de 121 feuillets de parchemin, reliure ancienne en bois recouvert de veau, avec coins et fermoirs de cuivre. 100.

Manuscrit du commencement du XVIe siècle orné de sept grandes miniatures et de douze petites; nombreuses lettres ornées. Une des grandes miniatures représente plusieurs personnes en prière avec cette légende : *Le Febvre et Jaqueline Heugué, sa femme.*

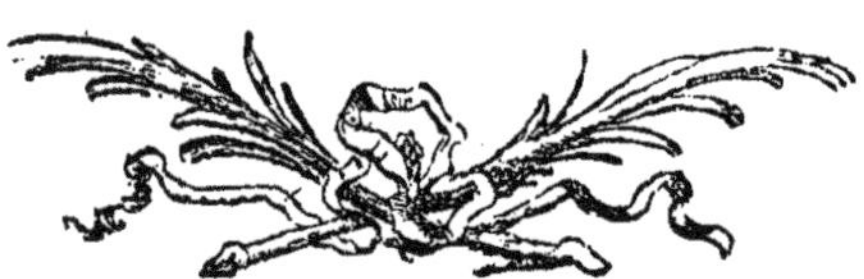

Le total de l'adjudication est d'environ 6,619 fr. 50 c.

www.ingramcontent.com/pod-product-compliance
Ingram Content Group UK Ltd.
Pitfield, Milton Keynes, MK11 3LW, UK
UKHW020521180726
13839UKWH00005B/2228